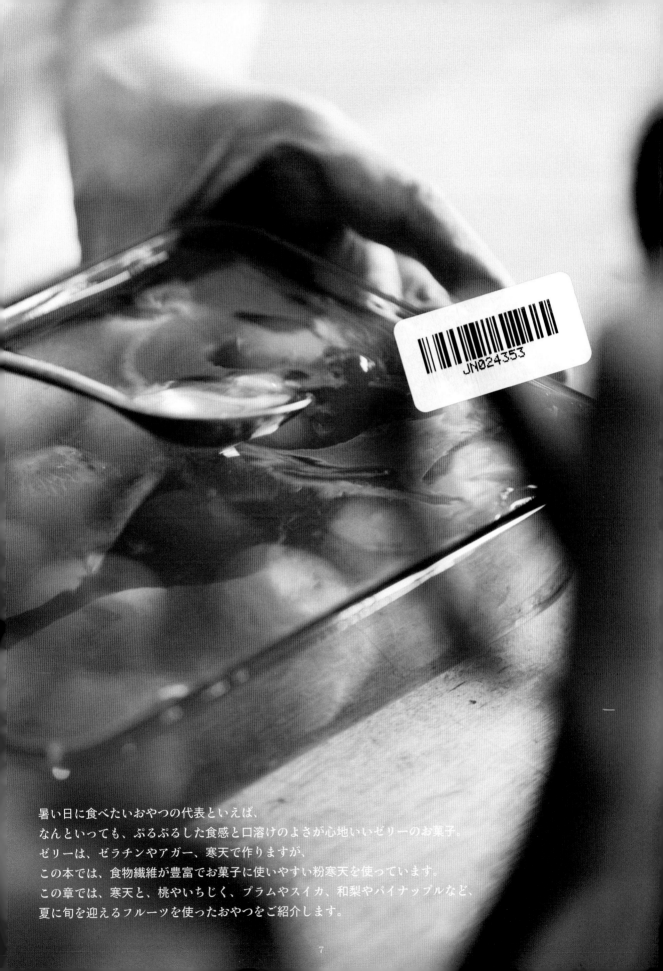

暑い日に食べたいおやつの代表といえば、
なんといっても、ぷるぷるした食感と口溶けのよさが心地いいゼリーのお菓子。
ゼリーは、ゼラチンやアガー、寒天で作りますが、
この本では、食物繊維が豊富でお菓子に使いやすい粉寒天を使っています。
この章では、寒天と、桃やいちじく、プラムやスイカ、和梨やパイナップルなど、
夏に旬を迎えるフルーツを使ったおやつをご紹介します。

白ワインゼリー

スキッとした白ワインの風味を活かした大人のゼリーです。材料は同じでも加熱方法によって食感が変わります。ブクブク沸騰させると「ぷるぷるの固め」に、沸いたらすぐに弱火にすると「ふるふるのやわらかめ」になります。

⟶ recipe p 10

水の寒天ゼリー

暑い日に食べるつるんとした
水ゼリーは、体を穏やかに潤
してくれます。材料は水と粉
寒天だけですが、これが実に
おいしいのです。寒天の分量
を変えることで、食感が違う
3種のゼリーを作りました。

⟶ recipe p 10

白ワインゼリー

材料（2人分）
白ワイン　300㎖
てんさい糖　大さじ1
粉寒天　小さじ1/2

ぷるぷるの固め　　　　　　　　　　　　　　　　　　　ふるふるのやわらかめ

水の寒天ゼリー

・ぷるぷるの固め
＊あんみつやみつ豆におすすめです。
材料（2人分）
水　300㎖
粉寒天　小さじ1/2

・ふるふるのちょうどよい口溶け
＊あんみつやみつ豆におすすめです。
材料（2人分）
水　300㎖
粉寒天　小さじ3/4

・ちゅるちゅるのやわらかめ
＊喉越しがよく「飲めるゼリー」です。
材料（2人分）
水　300㎖
粉寒天　小さじ1/6

白ワインゼリー

・ぷるぷるの固め

作り方

1　鍋に白ワインを入れ、粉寒天をふり入れる ⓐ。

2　鍋を中火にかけ、沸騰したらゴムべらでひと混ぜする ⓑ。その後15秒沸騰させる。ブクブクと沸騰させるとしっかり固まる。

3　弱火（液体に少し泡が出ている状態）で1〜1分半（量が多いときは2〜3分）、ふたはせず加熱する ⓓ。

4　3をボウルに移し、冷水を入れたボウルに重ねて、粗熱が取れるまでゴムべらで混ぜながら冷ます。グラスなどに入れて冷ます ⓔ。耐熱容器に入れる場合は、冷水にあてず、そのまま移してOK。

memo

私は甘さなしの白ワインゼリーが好きですが、もし甘さがほしいときは、上からはちみつやアガベシロップをかけてお召し上がりください。

・ふるふるのやわらかめ

作り方

1　鍋に白ワインを入れ、粉寒天をふり入れる ⓐ。

2　鍋を中火にかけ、沸いたらすぐに弱火にする。こうすることでやわらかく、透明度の高いゼリーに仕上がる ⓒ。以降は上記の作り方3〜4と同じ。

水の寒天ゼリー

作り方

1　鍋に水を入れ、粉寒天をふり入れる ⓐ。

2　鍋を中火にかけ、ゴムべらで時々かき混ぜながら沸騰させる ⓑ。

3　弱火（液体に少し泡が出ている状態）にし、1〜2分半（量が多いときは2〜3分）、ふたはせず加熱する。

4　3をバットなどの容器に入れて冷まし、器に盛る。

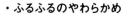

memo

どの固さも私がたどり着いたベストな配合率です。中でも好きなのは「ふるふるのちょうどよい口溶け」！　固くもなくやわらかくもない、この絶妙な口溶けをぜひお試しください。甘さがほしいときは、上から黒蜜やはちみつ、アガベシロップをかけてお召し上がりください。水をジュースやハーブティーに替えても楽しめますが、火加減や加熱時間は調整が必要です。

いちじくの綺麗なピンク色を
活かしたくて、雫の形に仕上
げました。いちじくのコンポ
ートを作り、ほのかに白ワイ
ンの香りがする寒天ゼリーで
包みました。

いちじくの水まんじゅう

⟶ recipe p 32

12

桃のジャスミンコンポートジュレ

桃の風味とジャスミンの香り
は相性抜群です。ジャスミン
花茶を使って、花ごと食べる
ジュレを作りました。もちろ
んジャスミンティーを使って
もいいですが、花茶を使った
方が香りがやわらかくなるの
でおすすめです。

⟶ recipe p 33

マスカットとレモンハーブのゼリー & 豆乳寒天

ぷるぷるの豆乳寒天に、つるんとしたハーブゼリーを重ねた2層のおやつ。レモンバーベナやレモングラス、ミントを使っているので清涼感があります。単品ずつ作ってもいいですが、2層にすることで食感の違いが楽しめてよりおいしくなります。

→ recipe p 34

夏らしいトロピカルなおやつ
です。ココナッツミルクベー
スの寒天に、繊細な甘みと香
りを持つ桃を合わせました。
酸味のきいたパッションフル
ーツソースをかけることで、
引き締まった味になります。

桃のココナッツミルク寒天 パッションフルーツソースがけ

⟶ recipe p 35

15

プラムゼリーと豆乳チーズケーキ

プラムゼリーと、豆乳チーズ
ケーキを組み合わせたちょっ
とリッチなおやつです。プラ
ムゼリーにかくし味としてシ
ナモンを加え、味を引き締め
たところがポイントです。丸
型で作ればバースデーケーキ
に、グラスに重ねて入れれば
手軽なおやつになります。単
品ずつ作っても楽しめます。

→ recipe p 36

飲む梅ゼリー

梅は冷え性、貧血、高血圧の
改善に効果的とされています。
冷凍梅を使って簡単にできる
飲むゼリーを作りました。レ
モンバームで梅の酸味を和ら
げ、白ワインを入れることで
大人っぽい味わいに仕上げて
います。少し味が強く感じる
方は、炭酸水で割ってお飲み
ください。

⟶ recipe p 38

スイカとすだちの2色ゼリー

我が家では、スイカは好きだけれど種を取るのが面倒くさいという父のために、母が種を取り、食べやすい大きさに切って食卓に出していました。そのせいか、私は半月に切ってかぶりつく食べ方に憧れていました。スイカを満喫するために、小玉スイカを切り抜いて作る半月形のスイカとすだちの2色ゼリーを作りました。スイカは甘みが強いので、コアントローを加えて味を引き締めています。すだちのゼリーと組み合わせることで後味がスッキリします。

⟶ recipe p 40

桃とミルクティーは私の大好
きな組み合わせ。紅茶ゼリー
と豆乳バニラアイスを組み合
わせることで、ミルクティー
のような味になります。紅茶
は柑橘の香りがついたアール
グレイを使ってください。紅
茶ゼリーだけでも、バニラア
イスだけでもおいしいおやつ
になります。

桃と紅茶ゼリーと豆乳バニラアイスのパフェ

▶ recipe p 39

スパイス香るオリエンタルな
おやつです。和梨の寒天ゼリ
ーに、ぶどうとキウイのマリ
ネを添えました。寒天ゼリー
のしゃりしゃりした食感と、
スパイスとフルーツの風味が
堪能できます。和梨が出回る
8～10月にぜひ作ってみて
ください。

和梨の寒天ゼリーとミックスフルーツのオリエンタルデザート

⟶ recipe p 42

21

ぶどうと金木犀のゼリー

ぶどうのゼリーは水分量を多
くしてゆるめに作りました。
白ワインを加えて大人っぽい
味にしています。そこに甘い
香りの金木犀シロップをかけ
て。秋の訪れが感じられるひ
んやりおやつの完成です。

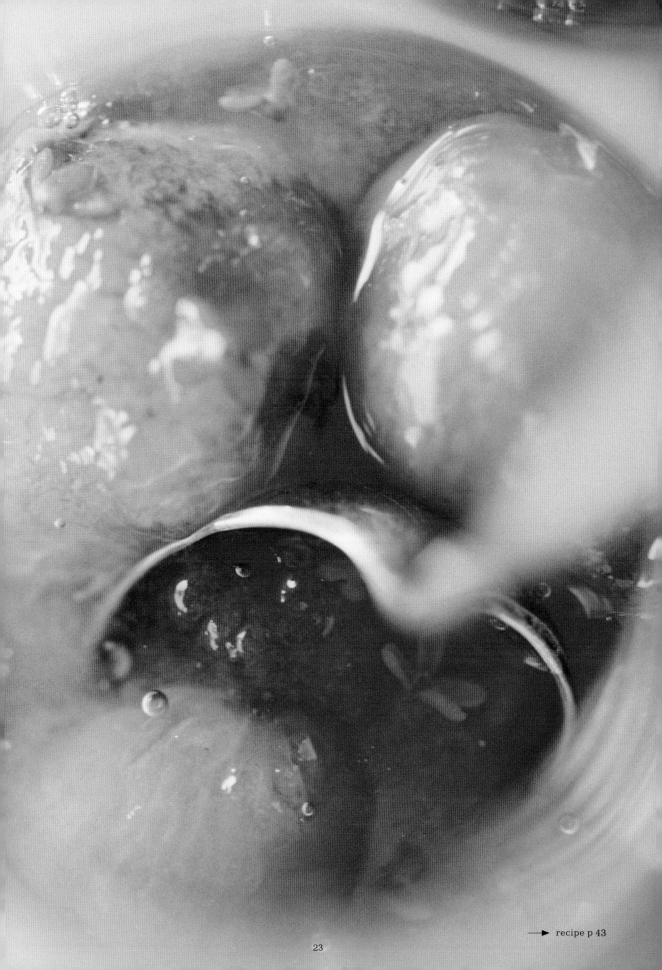

⟶ recipe p 43

いちごと玄米甘酒のおやつスープ

甘酒とくず粉は、ナチュラルスイーツの定番の組み合わせ。どちらも体内の水分のめぐりをよくする効果があるので、夏の冷え対策に最適です。漬したいちごにレモン果汁を混ぜ合わせ、コアントローをかけて洗練された味わいに仕上げました。

→ recipe p 44

いちじくと白あんのようかん

どこを食べてもいちじくの
味! みずみずしいいちじく
に、白いんげん豆で作ったま
ろやかな白あんを合わせまし
た。白あんにもいちじくペー
ストが入っているのがポイン
ト。いちじく好きにはたまら
ないおやつです。

⟶ recipe p 46

子どもの頃の買い物といえば個人商店がほとんどでした。たまに大きなスーパーに行くと兄とふたりで大はしゃぎ。そこで必ず買ってもらったのが缶詰のフルーツゼリーです。今では見かけなくなりましたが、同じ思い出を共有している方いらっしゃるでしょうか（実際には、このおやつより白っぽい色でした）。今食べたら、どんな風に感じるのかな。そんなことを思いながら作ったおやつです。型はみかんの缶詰を使いました。

みかんの豆乳寒天

⟶ recipe p 45

26

番茶寒天とえんどう豆あんこのあんみつ

番茶寒天とえんどう豆で作る
あんこは、夏の終わりから秋
にかけて食べたくなります。
番茶で風味をつけたドライ杏
も加えて、味にメリハリをつ
けました。番茶の香ばしさと、
えんどう豆あんこの深みのあ
る味をお楽しみください。

⟶ recipe p 48

1層めにスポンジケーキ、2層めに豆乳ヨーグルトケーキ、3層めにベリーゼリーと、3つのおやつを組み合わせた豪華なデコレーションケーキです。アーモンドプードルのコク、豆乳ヨーグルトの風味、ラベンダーの香りと、いろいろな味と食感が楽しめます。スポンジケーキは省いて、上2層だけにするとさっぱりしたケーキになります。

ミックスベリーとラベンダーのゼリーデコレーションケーキ

⟶ recipe p 50

丸ごとパイナップルのシュワシュワゼリー

パイナップルの皮を器に使った迫力満点の炭酸ゼリーです。しょうがを入れてスッキリとした味に仕上げました。ひと口食べるごとに、ゼリーがシュワッと弾けます。

→ recipe p 52

丸ごとレモンのはちみつゼリー

レモン果汁をたっぷり使った甘酸っぱいゼリー。スッキリした後味にするために、仕上げにローズマリーを加えています。はちみつの種類によって風味が変わるので、いろいろな種類で試してみてください。

⟶ recipe p 49

photo p 12

いちじくの水まんじゅう

材料（4個分）

いちじく　4個

A

- 水　250mℓ
- 白ワイン　120mℓ
- てんさい糖　30g
- レモン果汁　小さじ1と1/2
- バニラビーンズ　2cm

粉寒天　小さじ2/3

下準備

バニラビーンズのさやに切り込みを入れ、種をかき出す。

作り方

1　いちじくは軸を切り落とし、皮をむく ⓐ 。

2　鍋にAの材料と1のいちじくを入れ、中火にかける。沸騰したらアクを取り、弱火にし、ふたをして15分加熱する。そのままおいて粗熱を取る。

3　鍋からいちじくを取り出す。鍋に粉寒天をふり入れ、ひと混ぜし、中火にかける。沸いたらすぐ弱火にし、ふたはせず1分加熱する。

4　プリン型か小さめの器に、容器からはみ出るくらいの大きさにラップを敷く。いちじくの水けをしっかりふき取って入れる。水けが残っていると寒天が固まりにくいので注意する。

5　4の容器に3のシロップを入れる。ラップを絞って茶巾型にし、口を輪ゴムかひもで留める ⓑ 、ひもで約1時間吊るして固める ⓒ 。冷蔵庫で冷やし、ラップから取り出して器に盛る。

ⓐ 　ⓑ 　ⓒ

──▶ photo p 13

桃のジャスミンコンポートジュレ

材料（2〜3人分）
桃　1個
水　450㎖
ジャスミン花茶　大さじ1
てんさい糖　30g
粉寒天　小さじ1/3

作り方

1　桃は皮をむいてくし形切りにする。

2　鍋に分量の水を入れ、中火にかける。沸騰したら、ジャスミン花茶を入れ、1分煮出す ⓐ 。

3　2の鍋にてんさい糖と1の桃を入れ ⓑ 、ふたをして弱火で10分加熱する。

4　火を止め、そのまましばらくおいて冷ます。鍋に粉寒天をふり入れ、ひと混ぜし、中火にかける。沸いたらすぐ弱火にし、ふたはせず1分加熱する。

5　バットなどの容器に4を移し ⓒ 、粗熱が取れたら冷蔵庫で冷やし固める。器に盛る。

→ photo p 14

マスカットとレモンハーブの
ゼリー＆豆乳寒天

材料（180mlの容器5個分）
マスカット　12～15粒
【豆乳寒天】
A ┌ てんさい糖　30g
　│ 水　100ml
　└ 粉寒天　小さじ1/2
B ┌ 無調整豆乳　200ml
　└ バニラビーンズ　2cm
【ハーブゼリー】
レモンバーベナ、レモングラス、
　ミント（生）ⓐ　全部で約20枚
水　400ml
C ┌ てんさい糖　15g
　└ 粉寒天　小さじ1/2

作り方

豆乳寒天を作る

1　バニラビーンズのさやに切り込みを入れ、種をかき出す（さやもとっておく）。

2　鍋にAの材料を入れ、中火にかけ、ひと混ぜする。沸いたらすぐ弱火にし、ゴムべらで混ぜながら1分加熱する。

3　2の鍋にBの材料を入れ（バニラビーンズのさやも入れる）、ひと混ぜし、弱めの中火にして湯気が出るくらいまで温める。豆乳は沸騰させると分離するので、煮立てないように注意する ⓑ 。

4　3をボウルに移し、冷水を入れたボウルに重ねて、粗熱が取れるまでゴムべらで混ぜながら冷ます ⓒ 。湯気が出なくなるくらい冷めたら、器に等分に入れる ⓓ 。

ハーブゼリーを作る

5　鍋に分量の水を入れ、中火にかける。沸騰したらハーブを入れ、ふたはせず1分煮出し、そのまま冷ます。

6　鍋からハーブを取り出す。鍋にCの材料を入れて中火にかけ、ひと混ぜする。沸いたらすぐ弱火にし、ふたはせず1分加熱する。

7　6をボウルに移し、冷水を入れたボウルに重ねて、粗熱が取れるまでゴムべらで混ぜながら冷ます ⓔ 。

8　マスカット半量を半割に、残りを縦4等分に切り、4の器に入れる。6で取り出したハーブを1～2枚飾って、7のハーブゼリーを上から静かに入れる ⓕ 。冷蔵庫で冷やし固める。

→ photo p 15

桃のココナッツミルク寒天
パッションフルーツソースがけ

材料（2～3人分）
【 桃のココナッツミルク寒天 】
桃　1個　＊あれば黄桃
A［　水　120mℓ
　　粉寒天　小さじ1
B［　ココナッツミルク　200mℓ
　　無調整豆乳　200mℓ
　　てんさい糖　大さじ5
【 パッションフルーツソース 】
パッションフルーツ　1個
C［　水　50mℓ
　　てんさい糖　10g

作り方
桃のココナッツミルク寒天を作る

1　鍋にAの材料を入れ、中火にかけ、ひと混ぜする。沸いたらすぐ弱火にし、ふたはせず1分加熱する。

2　1の鍋にBの材料を入れ、ひと混ぜし、弱めの中火にして湯気が出るくらいまで温める。豆乳は沸騰させると分離するので、煮立てないように注意する。

3　ボウルに2を濾しながら入れる。冷水を入れたボウルに重ねて、粗熱が取れるまでゴムべらで混ぜながら冷ます。

4　桃を食べやすい大きさに切り、器に入れる。3を注ぎ入れて冷蔵庫で冷やし固める。

パッションフルーツソースを作る

5　鍋にCを入れ、弱めの中火にかける。てんさい糖が煮溶けたら、そのまましばらくおいて冷ます。

6　パッションフルーツを半分に切り、中身をスプーンでかき出す ⓐ 。パッションフルーツの中身大さじ2と、5の小さじ2を容器に入れて混ぜ、4にかける。

ⓐ

→ photo p 16

プラムゼリーと豆乳チーズケーキ

材料（縦15×横7.5×高さ6㎝のパウンド型1台分）

【 プラムゼリー 】

プラム　1個

A
- 水　220㎖
- てんさい糖　25g
- シナモンパウダー　小さじ1/16 （3ふり程度）
- 粉寒天　小さじ2/3

【 豆乳チーズケーキ 】

B
- メープルシロップ　大さじ2
- レモン果汁　大さじ1
- 粉寒天　小さじ1/3

豆乳ヨーグルト　400g（水きり後200g）

C
- てんさい糖　40g
- ココナッツオイル（無香タイプ）　50㎖
- 塩　小さじ1/4

下準備

・ボウルにざるとペーパータオルを重ね、豆乳ヨーグルトを入れて冷蔵庫でひと晩おき、半量の200gになるまで水きりする ⓐ 。

・型にオーブンシートを縁から少し出るように敷く。

・水きりした豆乳ヨーグルトを常温にする。

作り方

プラムゼリーを作る

1　プラムは皮付きのまま半分に切って種を取り、12等分のくし形に切る ⓑ 。

2　鍋にAの材料を入れ、中火にかける。沸いたらすぐ弱火にし、ふたはせず1分加熱する。

3　2の鍋に1のプラムを入れ、弱火でふたはせず2分加熱する ⓒ 。

4　ボウルに3を移し、冷水を入れたボウルに重ねて、粗熱が取れるまでゴムべらで混ぜながら冷ます ⓓ 。

5　型に4を移し入れる ⓔ 。

豆乳チーズケーキを作る

6　小鍋にBの材料を入れ、中火にかけ、ひと混ぜする ⓕ 。沸いたらすぐ弱火にし、ふたはせず1分加熱する。

7　ボウルに常温の水きりした豆乳ヨーグルトとCの材料と6を入れ、ハンドブレンダー（またはミキサー）でなめらかになるまで攪拌する ⓖ 。

組み立て

8　5のプラムゼリーが固まったら、7の豆乳チーズケーキを入れて表面をならし ⓗ 、冷蔵庫で冷やし固める。型から型紙ごと取り出し、切り分けて ⓘ 、器に盛る。

memo
豆乳ヨーグルトが冷たすぎる
と、作り方6で粉寒天がすぐ
に固まってしまうので、水き
りした豆乳ヨーグルトは必ず
常温にしたものを使ってくだ
さい。

→ photo p 17

飲む梅ゼリー

材料（5〜6人分）

A
┌ 冷凍梅　300g
│ 水　300㎖
│ 白ワイン　100㎖
└ てんさい糖　150g
粉寒天　小さじ1/2
レモンバーム　3枝

作り方

1　鍋にAの材料を入れ、中火にかける ⓐ 。沸騰する直前でごく弱火にし、ふたをして15分加熱する。

2　1の鍋にレモンバームを入れ、そのまましばらくおいて冷ます。

3　鍋から梅とレモンバームを取り出し、液体の量が400㎖になっているかを量る。400㎖になっていなかったら、ふたはせず、もう少し煮詰める。しばらくおいて冷ます。

4　3に粉寒天をふり入れ、ひと混ぜし、弱火で2分加熱する。

5　ボウルや器に4を入れて、取り出した梅とレモンバームを戻し入れる。冷水を入れたボウルに重ねて粗熱を取る ⓑ 。冷蔵庫で冷やし、グラスに入れる。

---

memo

梅が手に入ったら、ひとまずヘタを取り、密閉できる保存袋に入れて冷凍保存しておくことをおすすめします。食べたいときにすぐ作れて便利です。

→ photo p 20

桃と紅茶ゼリーと
豆乳バニラアイスのパフェ

材料（2人分）
白桃　1/4個
黄桃　1/4個
豆乳バニラアイス（右記）　2個分
【紅茶ゼリー】（作りやすい分量）
アールグレイの茶葉　5g
熱湯　250mℓ
てんさい糖　15g
粉寒天　小さじ1/3

作り方
紅茶ゼリーを作る

1　アールグレイの茶葉に熱湯を注ぎ入れ、5分蒸らす。

2　鍋に1を濾して入れ、てんさい糖と粉寒天を入れてひと混ぜし、中火にかける。沸いたらすぐ弱火にし、ふたはせず1～2分加熱する。粗熱が取れたら、バットなどに入れて冷蔵庫で冷やし固める。

組み立て

3　白桃と黄桃は食べやすい大きさに切り ⓐ 、皮をむき、グラスに入れる。2の紅茶ゼリーをスプーンですくって入れ ⓑ 、豆乳バニラアイスをのせる ⓒ 。

豆乳バニラアイス

材料（作りやすい分量）
無調整豆乳　500mℓ
ココナッツミルク　125mℓ
メープルシロップ　大さじ5
てんさい糖　大さじ3
バニラビーンズ　4cm
　　（さやに切り込みを入れ、種をかき出す）
粉寒天　小さじ1と1/4

作り方

1　鍋にすべての材料を入れ（バニラビーンズのさやも入れる）、ひと混ぜし、中火にかける。沸いたら、すぐに弱火にし、ふたはせずに1分加熱する。ボウルなどに移して冷ます。

2　1のボウルからバニラビーンズのさやを取り出し、ハンドブレンダー（またはミキサー）でなめらかになるまで攪拌する。容器に移し冷蔵庫で冷やし固める。途中、何度か空気を入れるようにハンドブレンダーで攪拌する（ハンドブレンダーがない場合はスプーンでよく混ぜる）。

memo

見た目と味を華やかにするために、ここでは白桃と黄桃の2種を使いましたが、もちろん1種だけでもかまいません。

 ⓐ
 ⓑ
 ⓒ

→ photo p 18

スイカとすだちの2色ゼリー

材料（小玉スイカ1/2個分）

【スイカゼリー】

A
- 小玉スイカ　1/2個（スイカ果汁　300㎖）
- アガベシロップ　大さじ1と1/2
  - ＊てんさい糖同量でも可。ただし、風味は変わります。
- 粉寒天　小さじ1

コアントロー　小さじ1

【すだちゼリー】

B
- すだち果汁　100㎖
- 水　100㎖
- てんさいグラニュー糖　大さじ3
- 粉寒天　小さじ1/2

すだちの皮のすりおろし　1と1/2個分

作り方

スイカゼリーを作る

1　スイカは半分に切り、スプーンで中身をくりぬく ⓐ 。

2　くりぬいたスイカの種を取って容器に入れ、ハンドブレンダー（またはミキサー）で300㎖分のジュースにする ⓑ 。足りなければ、残り半分のスイカの実で300㎖にする。

3　鍋にAの材料を入れ、中火にかける。沸いたらすぐ弱火にし、ゴムべらで混ぜながら1分加熱する ⓒ 。

4　3をボウルに移し、冷水を入れたボウルに重ねて、粗熱が取れるまでゴムべらで混ぜながら冷ます ⓓ 。コアントローを加えてひと混ぜし、くりぬいたスイカの皮の中に注ぎ入れる ⓔ 。

すだちゼリーを作る

＊4が完全に固まらないうちに手早く作ること。

5　小鍋にBの材料を入れ、中火にかける。沸いたらすぐ弱火にし、ゴムべらで混ぜながら1分加熱する。

6　5をボウルに移し、冷水を入れたボウルに重ねて、粗熱が取れるまでゴムべらで混ぜながら冷ます ⓕ 。

7　6のボウルにすだちの皮のすりおろし1個分を入れ ⓖ 、混ぜる。

8　7をスイカの縁から静かに注ぎ入れる ⓗ 。このとき、4がまだ完全に固まっていない状態であることを確認する（手で触って指に少しつくくらいが目安）。そのまましばらくおいて固める。冷蔵庫で冷やす。

9　すだちの皮のすりおろし1/2個分を散らす ⓘ 。すいかの皮とゼリーに段差がある場合、包丁で高さをそろえてから、半分に切る ⓙ 。

memo

アガベシロップは、てんさい糖に置き換え可能ですが、スイカの繊細な甘さと風味を生かすために、できたらアガベシロップを使っていただきたいと思います。

→ photo p 21

和梨の寒天ゼリーと
ミックスフルーツの
オリエンタルデザート

材料（8人分）

【 和梨の寒天ゼリー 】

  （縦13.5×横20cmのホーローバット1個分）

梨（皮と芯を取った正味）　600g

粉寒天　小さじ2

【 ぶどうとキウイのマリネ 】

ぶどう（巨峰、ナガノパープルなど）　10個

キウイ　1個

レモンの皮のせん切り　1/4個分

	メープルシロップ　大さじ1
A	水　大さじ1
	レモン果汁　大さじ1と1/2
	アニス（八角）　1個
	シナモンパウダー　小さじ1/4

作り方

和梨の寒天ゼリーを作る

1 　梨はすり下ろして鍋に入れる。粉寒天をふり入れ、ひと混ぜし、中火にかける。

2 　1が沸いたらすぐ弱火にし、ふたはせず2～3分加熱する。ボウルに移し、冷水を入れたボウルに重ねて、粗熱が取れるまでゴムべらで混ぜながら冷ます。バットなどに入れ、冷蔵庫で冷やし固める ⓐ。

ぶどうとキウイのマリネを作る

3 　鍋にAの材料を入れ、中火にかけ、ひと煮立ちさせる。容器に入れて冷ます。

4 　ぶどうは皮をむいたほうがいいものはむいて半分に切る ⓑ。キウイは皮をむき、縦半分に切り、さらに4～6等分に切る ⓒ。

5 　3の容器に4のフルーツとレモンの皮のせん切りを入れてあえる ⓓ。2の寒天ゼリーを取り出し、食べやすい大きさに切る。器に盛り、フルーツとシロップを添える ⓔ。

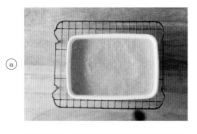

→ photo p 22

ぶどうと金木犀のゼリー

材料（4〜5人分）

ぶどう（巨峰、ナガノパープルなど）　20粒

A
- 水　400mℓ
- 白ワイン　100mℓ
- てんさい糖　50g
- 粉寒天　小さじ2/3

金木犀シロップ（右記参照）　小さじ2

作り方

1　ぶどうは皮をむき、皮はお茶パックに入れる 。

2　鍋にAの材料とぶどうの皮を入れたお茶パックを入れ、中火にかける。沸いたらすぐ弱火にし、ふたはせず1分加熱する。

3　鍋からお茶パックを取り出す。ぶどうを入れ、中火で30秒加熱する。

4　ボウルに3を移し、冷水を入れたボウルに重ねて、粗熱が取れるまでゴムべらで混ぜる 。湯気が出なくなるまで冷めたら容器に移し入れる。

5　4が冷めて固まる直前くらいに金木犀シロップを入れて混ぜ、金木犀を浮遊させる 。冷蔵庫で冷やし固める。

金木犀シロップ

材料（作りやすい分量）

金木犀の花　25g

A
- 白ワイン　100mℓ
- てんさいグラニュー糖　100g

作り方

1　金木犀は洗って茎を取り、花びらだけにする。

2　鍋にAの材料を入れ、中火にかけ、てんさいグラニュー糖を煮溶かす。沸騰したら、弱めの中火にし、2分加熱する。

3　2の鍋に金木犀の花びらを入れ、弱火にし、2分加熱する。

4　3の粗熱が取れたら、消毒した保存瓶に入れる。

---

memo

金木犀シロップは、炭酸水やお茶に入れたり、「和梨の寒天ゼリー」（左記）や「ココナッツバニラアイス」（p74）にかけたりして楽しめます。

ⓐ　　　　ⓑ　　　　ⓒ

→ photo p 24

いちごと玄米甘酒のおやつスープ

memo

お子さん向けに作る場合は、
仕上げのコアントローは省略
してください。

材料（3〜4人分）

いちご　150g

A［　玄米甘酒　150g
　　無調整豆乳　80㎖

B［　くず粉　小さじ2
　　水　小さじ2

粉寒天　小さじ1/4

レモン果汁　小さじ1

レモンの皮のせん切り　適量

コアントロー　適量

作り方

1　いちごはフォークなどで粗く潰す ⓐ 。

2　鍋にAの材料とよく混ぜ合わせたBの材料、粉寒天を
　ふり入れ、ひと混ぜする。中火にかけて沸いたらすぐ
　弱火にし、ふたはせずゴムべらで混ぜながら2〜3分
　加熱する ⓑ 。

3　2の鍋に1のいちご、レモン果汁を入れて混ぜ合わせ
　ⓒ 、ひと煮立ちさせる。粗熱が取れたら冷蔵庫で冷
　やす。器に盛り、レモンの皮のせん切りとコアントロ
　ーをかける。

ⓐ

ⓑ

ⓒ

→ photo p 26

みかんの豆乳寒天

材料（2〜3人分）

A
- みかんの缶詰のシロップ　100㎖
  - ＊ここでは砂糖不使用の「海辺で育った果実たち しらぬい」（p94）を使用しています。
- みかんの缶詰の実　80g
- 甘酒　大さじ3
- メープルシロップ　大さじ2

粉寒天　小さじ3/4
豆乳ヨーグルト　大さじ4
好みの柑橘の実　2房

作り方

1　容器にAの材料を入れ、ハンドブレンダー（またはミキサー）で撹拌し、鍋に入れる。

2　1の鍋に粉寒天をふり入れ、混ぜながら中火にかける。沸いたらすぐ弱火にし、ふたはせず2分加熱する。

3　ボウルに2を移し、豆乳ヨーグルトを入れて混ぜる。粗熱が取れたらみかん缶に流し入れ、冷蔵庫で冷やし固める。

4　みかん缶の開いている口の上にまな板をのせ、ひっくり返す。缶の周囲を缶切りであけ ⓐ 、豆乳寒天を取り出す ⓑ 。こうすると豆乳寒天がするりと出てくる。

5　豆乳寒天を2〜3等分に切り ⓒ 、器に盛る。薄皮をむいた柑橘の実をのせる。

ⓐ

ⓑ

ⓒ

→ photo p 25

いちじくと白あんのようかん

材料（縦15×横15×高さ4.5cmの流し缶1個分）
いちじく　4個
白いんげん豆（乾燥）　3/4カップ
水　450ml（白いんげん豆の3倍量）
てんさい糖　100g
粉寒天　小さじ1

下準備
白いんげん豆をひと晩、たっぷりの水につける。

作り方

1　鍋に白いんげん豆と分量の水を入れ、中火にかける ⓐ 。沸騰したらアクを取り、ふたをして弱火にし、白いんげん豆が柔らかくなるまでゆでる。ゆで上がりで総量600mlにする ⓑ 。

2　いちじくの皮をむき ⓒ 、2.5個分を縦4等分に切り、さらに横半分に切る。半量を流し缶に入れる ⓓ 。

3　残りのいちじくをフォークなどで潰す。

4　1の豆をハンドブレンダー（またはミキサー）で攪拌し、ざるで濾しながら鍋に入れる。3も加えて ⓔ 、混ぜる。

5　4の鍋にてんさい糖と粉寒天を振り入れ、ひと混ぜし、ふたはせず中火にかける。沸いたらすぐ弱火にし、ゴムべらで混ぜながら2分加熱する ⓕ 。

6　ボウルに5を移し、冷水を入れたボウルに重ねて、粗熱が取れるまでゴムべらで混ぜながら冷ます。ほんのりと温かい状態になったら2の流し缶に入れ ⓖ 、冷ます。冷蔵庫で冷やし固める。

7　流し缶の底を上にして、中のようかんを取り出す ⓗ 。食べやすい大きさに切り ⓘ 、器に盛る。

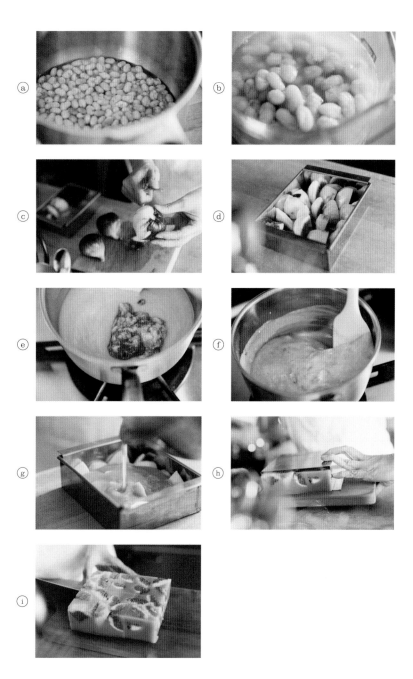

memo

白いんげん豆を圧力鍋で炊く
場合は、作り方1を次のよう
に変更してください。

＊

1 圧力鍋に白いんげん豆と水
　を入れ、強火にかける。沸
　騰したらふたをする。圧が
　かかったら弱火にし、25
　分加熱する。火を止めて圧
　が抜けるまでおき、小豆が
　指でつぶれるくらいにやわ
　らかいことを確認する。固
　いようならもう少し圧をか
　ける。炊き上がりで総量
　600mℓにする ⓑ。

→ photo p 27

番茶寒天と
えんどう豆あんこのあんみつ

材料（4人分）
【えんどう豆あんこ】（作りやすい分量）
えんどう豆（乾燥）　1/2カップ
水　400㎖（えんどう豆の4倍量）
てんさい糖　大さじ3
塩　ひとつまみ
【番茶寒天】
番茶　10g
水　500㎖
粉寒天　小さじ1/2
ドライ杏（無糖）　30g
てんさい糖　5g
黒みつ　適量

作り方

えんどう豆あんこを作る

1　えんどう豆は洗って鍋に入れ、分量の水を注ぎ、強火にかける。沸騰したら弱火にし、アクを取る。ふたをして豆が柔らかくなるまで加熱する（目安は45分）。途中で水が少なくなったら、その都度足す。

2　えんどう豆が柔らかくなったら、豆がひたひたになるくらいの水分量になるまで煮詰める。てんさい糖を入れ、混ぜながら煮詰める。混ぜたとき鍋底が見えるくらいになったら、塩を加え、ひと混ぜする。保存容器に移し、そのまま冷ます ⓐ 。

番茶寒天を作る

3　鍋に分量の水を入れ、中火にかける。沸騰したら番茶を加え、ふたをして弱火で5分煮出す。

4　番茶を茶漉しで濾し、100㎖ほどをとり、ドライ杏を漬ける。ドライ杏がやわらかくなったら別の鍋に入れ、てんさい糖を入れ、弱火にし、ふたをして5分加熱する。

5　4の鍋に残りの番茶300㎖を入れ、粉寒天をふり入れ、中火にかける。沸いたらすぐ弱火にし、ふたはせず2分加熱する。バットなどに移して冷ましてから、冷蔵庫で冷やす ⓑ 。

盛りつけ

6　5の番茶寒天を食べやすい大きさに角切りにして器に盛る ⓒ 。2のえんどう豆あんこをのせ ⓓ 、4の杏を添える。黒みつをかける。

→ photo p 31

丸ごとレモンのはちみつゼリー

材料（6個分）
レモン　3個（レモン果汁　大さじ2）
はちみつ　大さじ2と1/2
水　150ml
粉寒天　小さじ1
ローズマリー（生）　1枝

作り方

1　レモンは縦半分に切り ⓐ 、中身をスプーンでくりぬく。レモンの底をナイフで薄く削って平らにし、器を作る ⓑ 。

2　くりぬいた中身をさらしなどで包み、果汁を大さじ2搾る ⓒ 。

3　鍋に2のレモン果汁とはちみつと水を入れ、ひと混ぜし、粉寒天をふり入れ、中火にかける。沸いたらすぐ弱火にし、ローズマリーを入れ、混ぜながら2分加熱する ⓓ 。

4　ボウルに3を移し、冷水を入れたボウルに重ねて、湯気が出なくなるくらいまでゴムべらで混ぜながら冷ます ⓔ 。

5　1のレモンの器に4の液体を入れ ⓕ 、ローズマリーの葉を上にのせる。冷めたら冷蔵庫で冷やし固める。

 ⓐ

 ⓑ

 ⓒ

 ⓓ

 ⓔ

 ⓕ

━━▶ photo p 29

ミックスベリーとラベンダーの
ゼリーデコレーションケーキ

材料（直径12cmの丸型1台分）

【スポンジケーキ】

A
- 薄力粉　120g
- アーモンドプードル　30g
- てんさい糖　30g
- ベーキングパウダー　小さじ1
- 塩　ひとつまみ

B
- 植物性オイル　大さじ1と1/2
- メープルシロップ　大さじ1と1/2
- 無調整豆乳　120ml

【豆乳ヨーグルトケーキ】

豆乳ヨーグルト　600g（水きり後300g）

C
- レモン果汁　大さじ4と1/2
- てんさい糖　大さじ3
- メープルシロップ　大さじ4
- 粉寒天　小さじ1と1/4
- バニラビーンズ　1cm

【ベリーゼリー】

D
- 冷凍ミックスベリー　40g
- 水　100ml
- てんさい糖　大さじ2
- ラベンダー（生）　1枝（5cmくらい）
- 粉寒天　小さじ1/4強

下準備

・ざるにペーパータオルを重ね、豆乳ヨーグルトをのせて、半量の300gになるまで冷蔵庫でひと晩水きりする。
・オーブンを175℃に予熱する。
・型にオーブンシートを敷く。
・バニラビーンズのさやに切り込みを入れ、種をかき出す。さやも使う。
・水きりした豆乳ヨーグルトを常温にする。

作り方

スポンジケーキを作る

1　ボウルにAの薄力粉をふるい入れる。Aの他の材料も加え、ゴムべらで均一になるように混ぜる。

2　別のボウルにBの材料を入れ、泡立て器でよく混ぜ合わせる。1のボウルに加え、ゴムべらでさっくりと混ぜ合わせる。

3　型に2の生地を流し入れ、表面をならす。175℃に予熱したオーブンで25分焼く。

4　3の生地が冷めたら、底から2cmの高さに切る ⓐ。もう1度、型の側面に上から2cmはみ出るくらいの高さまでオーブンシートを敷き、スポンジケーキを底に1枚入れる ⓑ。

豆乳ヨーグルトケーキを作る

5　鍋にCの材料を入れ（バニラビーンズのさやも入れる）、中火にかけ、沸いたらすぐ弱火にし、ゴムべらで混ぜながら1分加熱する ⓒ。

6　5をボウルに移し（バニラビーンズのさやは取り出す）、常温の水きりした豆乳ヨーグルトを入れて、ハンドブレンダー（またはミキサー）で攪拌する ⓓ。

7　6のボウルを冷水を入れたボウルに重ねて、粗熱が取れるまでゴムべらで混ぜながら冷ます ⓔ。4の型に流し入れる ⓕ。

ベリーゼリーを作る

8　ボウルにDの冷凍ミックスベリーと水を入れ ⓖ、色が出るまで2～3分おく。水が赤く色づいたらベリーをざるにとる ⓗ。

9　鍋に8の赤い液体を入れ、Dの他の材料も加えて中火にかける。沸いたらすぐ弱火にし、ゴムべらで混ぜながら1分加熱する ⓘ。

10　9をボウルに移し、ラベンダーを取り除く。冷水を入れたボウルに重ねて、粗熱が取れるまでゴムべらで混ぜながら冷ます ⓙ。

11　7の型に10を流し入れる ⓚ。8で取り分けたベリーを並べ ⓛ、冷蔵庫で冷やし固める。

memo
作り方6で豆乳ヨーグルトが
冷たすぎると、作り方5の寒
天液がすぐに固まってしまう
ので、水きり豆乳ヨーグルト
は必ず常温にしたものを使っ
てください。

51

→ photo p 30

丸ごとパイナップルの
シュワシュワゼリー

材料（パイナップル1/2個分）
パイナップル　1/2個
　　（器としてのパイナップルの容量は約270㎖。
　　　パイナップル果汁　100㎖）
てんさい糖　大さじ4
しょうがの搾り汁　小さじ2と1/2
粉寒天　小さじ1/2
炭酸水（常温）　150㎖

作り方

1　パイナップルは縁に沿って包丁で切り込みを入れⓐ、
　中身をスプーンでくりぬくⓑ。

2　パイナップルの実から芯を取り除きⓒ、実を適量さ
　らしなどに包み、果汁を100㎖分搾るⓓ。

3　パイナップルの実80gを1.5cm角に切りⓔ、そのうち
　半量はパイナップルの器に入れる。

4　鍋に2の果汁とてんさい糖、しょうがの搾り汁を入れ
　る。粉寒天をふり入れ、ひと混ぜする。中火にかけ、
　沸いたらすぐ弱火にし、ゴムべらで混ぜながら2分加
　熱するⓕ。

5　4をボウルに移し、冷水を入れたボウルに重ねて、湯
　気が出なくなるくらいまでゴムべらで混ぜながら冷ます。

6　5のボウルに炭酸水50㎖を静かに入れて混ぜる。全
　体がなじんだら残りの炭酸水も入れるⓖ。

7　パイナップルの器に6を流し入れⓗ、残したパイナ
　ップルをのせる。冷蔵庫で冷やし固める。

(a) (b) (c) (d) (e) (f) (g) (h)

memo

ゼリーをシュワシュワさせる
コツは、炭酸水を常温にして
おくことです。シュワシュワ
感を味わうには、なるべく早
く食べてください。

part 2

アイスクリームからドリンク、
冷たい焼き菓子まで

しっとり、しゃりしゃりの
おやつ

とろりしたアイスクリームに、しゃりしゃりのアイスキャンディー、
シロップたっぷりのかき氷に、爽やかな冷たいドリンク。
夏の記憶をたどると、ひんやりしたおやつが思い浮かぶ人も多いのではないでしょうか。
この章では、これら定番の冷たいお菓子に加え、しっとりおいしい冷たい焼き菓子や、
お茶と一緒に楽しみたいひんやり和菓子をご紹介します。

ブルーベリーのスパイシー赤ワインゼリーのマーブルアイス

ブルーベリーの赤ワインゼリーにスパイスをミックスさせて、パンチをきかせています。マーブル模様にすることで、ココナッツとブルーベリーの2種をしっかり味わえるところがポイント。

➡ recipe p 74

白きくらげとさつまいも豆腐白玉のココナッツミルクデザート

さつまいもの甘みを加えた、もちもちの豆腐白玉に、代謝を助けるクコの実、ミネラルや食物繊維豊富なナツメ、肌に潤いを与える白きくらげと美容と健康によい食材をたっぷり使ったアジアンスイーツです。冷房や日光で体が乾燥しやすい暑い時期におすめの1品。

⟶ recipe p 75

キャラメル風味のひんやりバナナオムレット

キャラメルクリーム、豆腐バニラクリーム、米粉バニラカスタードクリームを挟んだバナナオムレット。オムレット生地に豆乳ヨーグルトを混ぜることで、冷やしてもぱさつかず、しっとりもっちりした食感が維持されるようにしました。キャラメルクリームは子どものころによく食べたお菓子のキャラメルの風味を再現してみました。

→ recipe p 76

ひんやりしっとりバナナライムのパウンドケーキ

夏に食べたい冷たいパウンド
ケーキです。冷蔵庫でしっか
り冷やすことで、ジンジャー
パウダーやライムの香りが際
立ち、バナナの甘さが軽やか
になります。

recipe p 79

ひんやりチョコのブラウニー

ひんやりも焼きたても両方お
いしいブラウニー。しっとり
した生地にクルミのザクザク
した食感と香ばしい風味が堪
能できます。フワフワの食感
が楽しめる焼きたてもぜひお
召し上がりください。

⟶ recipe p 80

かき氷 2 種

和栗とココアのかき氷

毎年夏になると、母と一緒に
お気に入りのアイスクリーム
屋さんへ行き、アーモンドが
ごろごろ入ってちょっとビタ
ーなチョコレートアイスを買
ってもらいました。今回、か
き氷に、ビターなココアソー
スとクラッシュしたアーモン
ドを合わせたのは、そんな子
ども時代の思い出から。芳醇
な香りのラム酒をかけて、大
人っぽく仕上げました。

→ recipe p 81

メロンかき氷 ココナッツバニラアイス添え

メロンをぜいたくに使った見
た目も味もスペシャルなかき
氷です。メロンシロップにミ
ントをふんだんに入れ、爽や
かな香りをつけました。メロ
ンシロップとバニラアイスは
相性抜群。器に残った最後の
1滴まで残さず飲みたくなる
おいしさです。

⟶ recipe p 82

チーズにフルーツを混ぜ込んで冷やし固めて作る、シチリアの伝統菓子カッサータ。ここでは豆乳ヨーグルトで作ってみました。材料を混ぜて型に入れて冷やすだけなので、誰でも簡単に作れます。丸型を使って華やかなバースデーケーキにしてもいいでしょう。

チェリーとマンゴーとピスタチオのヨーグルトカッサータ

→ recipe p 83

ヴィーガンティラミス

マスカルポーネチーズを使う
本家ティラミスに負けないお
いしさを目指して作ったヴィ
ーガンティラミスです。豆乳
ヨーグルト、豆腐バニラクリ
ーム、米粉バニラカスタード
クリームの3種をミックスし
ました。スポンジにコーヒー
シロップをたっぷり染み込ま
せるのがポイントです。

→ recipe p 84

うぐいすわらび餅

みんな大好きわらび餅。私が
ベストだと思う配合で作った、
もっちり、ふわふわなわらび
餅です。淡い甘さが魅力です
が、好みで黒みつをかけても
いいでしょう。

→ recipe p 86

下町育ちの私にとって、くず
餅といえば、江東区亀戸にあ
る「船橋屋」の「元祖くず
餅」。そのおいしさをイメー
ジして作ったのがこの抹茶く
ず餅です。お抹茶は製菓用で
はなく、飲用のものを使った
ほうが味も香りも濃厚になり
ます。

抹茶くず餅

⟶ recipe p 87

ひんやりみたらし豆腐団子 すだち風味

豆腐と白玉粉で作るみたらし
団子です。仕上げにすだちの
皮をすりおろすことで、夏に
ふさわしい爽やかな味わいに。
豆腐が入っているので、時間
が経ってももちもち感がキー
プされます。

→ recipe p 88

ココナッツ小豆アイスのもなか

ココナッツミルクアイスにあ
んこを混ぜ込んで、軽やかな
味わいのアイスもなかを作り
ました。粉寒天を少し加える
ことで、溶けにくくしていま
す。お好みのもなかの皮を使
ってかわいらしく演出してく
ださい。

——▶ recipe p 89

洋梨のスイートポテト
ココナッツバニラアイス添え

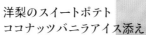

洋梨の甘みと食感が楽しめる
ワンランク上のスイートポテ
トです。あつあつのスイート
ポテトとその上にのった冷た
いアイスクリームの温度差を
お楽しみください。

⟶ recipe p 90

かぼちゃはビタミンやミネラ
ルが豊富で栄養価が高いので、
夏バテ対策にぴったりの野菜
です。とろとろの冷たいかぼ
ちゃのお汁粉に、ふるふるの
メープルゼリーをからめなが
らお召し上がりください。

かぼちゃのお汁粉 メープルゼリー添え

→ recipe p 91

夏の冷蔵庫に常備しておきた
くなるお菓子です。ブルーベ
リーにチョコレートをからめ、
ミントとタイムをのせました。
ハーブの代わりにシナモンを
ふってもおいしくなります。

フレッシュブルーベリーのチョコレートがけ

➡ recipe p 92

プラムのアイスキャンディー

子供のころ楽しみにしていた
お出かけが中止になってしま
ったとき、母がお詫びにと私
が大好きなプラムを買ってき
てくれました。でもかんしゃ
くのあまり、私はそのプラム
を蹴飛ばしてしまったのです。
「なんであんなことをしてし
まったのかしら」。毎年プラ
ムの季節がくると、情けない
気持ちとともにあのときのこ
とを思い出します。閑話休題。
プラムをたっぷり使ったアイ
スキャンディーです。これが
酸味の強いプラムの一番おい
しい食べ方ではないかしらと
心密かに思っています。

➡ recipe p 92

スイカとタピオカのココナッツミルクジュース

スイカとココナッツミルクは
夏のおやつの定番の組み合わ
せ。そこにタピオカを入れて、
おなかが満たされるおやつジ
ュースを作りました。

→ recipe p 92

ハーブレモンジンジャー

ヴィーガンクラフトコーラ

スパイスと柑橘で作るクラフ
トコーラです。スパイスには
体を温める作用があり、柑橘
にはビタミンCやリモネンが
豊富に含まれているので、夏
の冷え性や紫外線対策に最適
です。

レモンに、しょうが、はちみ
つ、ハーブを使ったドリンク
は、夏バテや夏風邪の予防に
効果的。冬はホットにしてお
楽しみください。

→ recipe p 93

→ photo p 56

ブルーベリーの
スパイシー赤ワインゼリーの
マーブルアイス

材料（縦18×横12×高さ2.6cmのバット1個分）

【ブルーベリー赤ワイン煮】

A
- ブルーベリー　75g
  - ＊生でも冷凍でも可。
- メープルシロップ　大さじ1
- 赤ワイン　大さじ2
- 粉寒天　小さじ1/6
- ナツメグパウダー　少々
- クローブパウダー　少々

【ココナッツバニラアイス】

B
- 無調整豆乳　200㎖
- ココナッツミルク　400㎖
- メープルシロップ　大さじ4
- てんさい糖　大さじ4
- バニラビーンズ　3cm
- 粉寒天　小さじ1/2

下準備

バニラビーンズのさやに切り込みを入れ、種をかき出す。さやも使う。

---

memo

きれいなマーブル模様にするコツは、混ぜすぎないことです。

作り方

ブルーベリー赤ワイン煮を作る

1　鍋にAの材料を入れ、中火にかける。沸いたらすぐ弱火にし、ふたはせずに5分加熱する。ボウルなどに移して冷まし、固める ⓐ。

ココナッツバニラアイスを作る

2　鍋にBの材料を入れ（バニラビーンズのさやも入れる）、中火にかける。沸いたらすぐ弱火にし、ふたはせずに1分加熱する。ボウルなどに移して冷ます。

3　2のボウルからバニラビーンズのさやを取り出し、ハンドブレンダー（またはミキサー）でなめらかになるまで攪拌する。容器に移し、冷凍庫で冷やし固める。途中、何度か空気を入れるようにハンドブレンダーで攪拌する（ハンドブレンダーがない場合はスプーンでよく混ぜる）。

仕上げ

4　最後の攪拌後、3の容器に1のブルーベリー煮をポトポトと落とすようにして入れ ⓑ、スプーンで混ぜる ⓒ。冷凍庫で冷やし固める。

ココナッツバニラアイス

シンプルにココナッツバニラアイスだけでも楽しめます。好きな方は冷凍庫に常備しておくことをおすすめします。

作り方2～3参照。「桃と紅茶ゼリーと豆乳バニラアイスのパフェ」（p39）や「メロンかき氷 ココナッツバニラアイス添え」（p82）や「洋梨のスイートポテト ココナッツバニラアイス添え」（p90）にも使われています。

ⓐ

ⓑ

ⓒ

→ photo p 57

白きくらげと
さつまいも豆腐白玉の
ココナッツミルクデザート

材料（3～4人分）

白きくらげ（乾燥）　10g
水　400㎖
てんさい糖　60g
クコの実　大さじ1
ナツメ　5個
ココナッツミルク　100㎖
パイナップル　適量
あんこ（p89）　適量
【 さつまいも豆腐白玉 】
白玉粉　50g
絹ごし豆腐　50g
さつまいも　50g

下準備

白きくらげは、水に1時間浸けて戻す。

作り方

1　戻してやわらかくなった白きくらげの石づきを取り除き、食べやすい大きさに手でちぎる。

2　鍋に分量の水とてんさい糖、1の白きくらげを入れて中火にかける。沸騰したら弱火にし、ふたをして30分加熱する。

3　2の鍋にナツメとクコの実を入れ、弱火でふたをして15分加熱する。そのまましばらくおいて冷ます。粗熱が取れたら容器に移し ⓐ、冷蔵庫で冷やす。

さつまいも豆腐白玉を作る

4　さつまいもは、蒸気の上がった蒸し器にのせ、柔らかくなるまで蒸す。

5　ボウルに白玉粉、絹ごし豆腐、4のさつまいもを入れ、ゴムべらで潰しながら混ぜ合わせる。さつまいもが熱いうちに潰すこと。耳たぶ程度の固さになるように手でこね ⓑ、小さめの団子を作る。

6　鍋に湯を沸かし、5の団子が浮き上がったら1分ゆで、冷水を張ったボウルに入れる ⓒ。

仕上げ

7　3にココナッツミルクを入れて混ぜ合わせ ⓓ、器に盛る。

8　7の器に水けをきった6のさつまいも豆腐白玉、あんこ、1㎝角に切ったパイナップルをのせる。

memo

フルーツはマンゴーやスイカ、桃などを入れるのもおすすめです。

ⓐ

ⓑ

ⓒ

ⓓ

⟶ photo p 58

キャラメル風味の
ひんやりバナナオムレット

材料（3個分）
バナナ　3本
【キャラメルクリーム】
A ┌ てんさい糖　40g
　├ メープルシロップ　大さじ2
　├ 無調整豆乳　大さじ3
　└ ココナッツミルク　大さじ2
【ダブルクリーム】
豆腐バニラクリーム（p78）200g
米粉バニラカスタードクリーム（p78）
　　150g
【オムレット生地】
薄力粉　80g
B ┌ てんさい糖　20g
　├ ベーキングパウダー　小さじ1
　└ 塩　ひとつまみ
豆乳ヨーグルト　180g
植物性油　適量

下準備
調理台にオムレットを包むためのラップを敷き、
アルミカップを広げておく。

作り方
キャラメルクリームを作る

1　鍋にAの材料を入れ、中火にかける。沸いたらすぐ弱火にし、ふたはせずにとろりとするまで時々混ぜながら、10分煮詰める。固いようだったら豆乳（分量外）を加えてのばす。ゆるかったら再度煮詰める。器に移し、そのまま冷ます ⓐ 。

ダブルクリームを作る

2　ボウルに豆腐バニラクリームと米粉バニラカスタードクリームを入れ、ゴムべらでしっかり混ぜる。

オムレット生地を作る

3　別のボウルに薄力粉をふるい入れる。Bの材料を入れ、ゴムべらで均一になるように混ぜ合わせる。豆乳ヨーグルトを加え、ゴムべらで切るようにやさしく混ぜ合わせる ⓑ 。

4　熱したフライパンに油を薄くひいてなじませ、弱めの中火にし、3のオムレット生地1/3量を直径15㎝の円形に落とす。生地の裏にこんがりとした焼き色がついたらひっくり返し、同じように焼き色がつくまで焼く ⓒ 。

包む

5　4を熱いうちにペーパータオルにのせ、半分にたたむ ⓓ 。冷ます。

6　5のオムレットに2のダブルクリームをのせる。1のキャラメルクリームを適量かけ ⓔ 、バナナを1本のせる。バナナの上に2のダブルクリーム、キャラメルクリームをかける ⓕ 。広げたアルミカップの上にのせ ⓖ 、ラップで包む ⓗ 。冷蔵庫に入れて冷やす。

memo
オムレット生地はベーキング
パウダーを使っているので、
作り方3で混ぜる作業は手早
く進めてください。

豆腐バニラクリーム

材料（作りやすい分量）
木綿豆腐　1丁（300g）
バニラビーンズ　2～3㎝
メープルシロップ　大さじ3
塩　ひとつまみ

下準備
バニラビーンズのさやに切り目を入れ、種をかき出す。

作り方

1　鍋に湯を沸かし、木綿豆腐を入れる。豆腐が少し揺れるくらいの火加減で5分ゆでる。

2　1の豆腐をペーパータオルで包んでざるにのせ、重石をし、30～60分水きりする。豆腐の重さの1～2割ほど水きりができていればよい。

3　深めの容器に2の豆腐とバニラビーンズの種、メープルシロップ大さじ3、塩を入れ、ハンドブレンダーか（またはミキサー）で攪拌する。ハンドブレンダーが回りにくいときは、味見をし、メープルシロップ大さじ1（分量外）か豆乳少々（分量外）を足しながら調整する。ツヤが出てなめらかなクリーム状になるまで攪拌する。

米粉バニラカスタードクリーム

材料（作りやすい分量）

A	米粉　20g
	てんさい糖　20g
	粉寒天　小さじ2/3
	メープルシロップ　大さじ2
	バニラビーンズ　2㎝

無調整豆乳　200㎖

下準備
バニラビーンズのさやに切り目を入れ、種をかき出す。さやも使う。

作り方

1　鍋にAの材料を入れ（バニラビーンズのさやも入れる）、ゴムべらで混ぜる

2　1の鍋に少量の豆乳（分量内）を入れ、ゴムべらで混ぜて全体をなじませ ⓐ、残りの豆乳も入れて混ぜる。

3　2の鍋を中火にかけ、ゴムべらで混ぜる。とろみが出てふつふつとしてきたら弱火にし ⓑ、さらに混ぜながら2～3分加熱する ⓒ。

4　3をボウルに移し、冷水を入れたボウルに重ねて、粗熱が取れるまでゴムべらで混ぜながら冷ます。容器に移し、冷蔵庫で冷やす。

米粉バニラカスタードクリーム

ⓐ

ⓑ

ⓒ

→ photo p 59

ひんやりしっとり
バナナライムのパウンドケーキ

材料（縦15×横7.5×高さ6㎝のパウンド型1台分）

バナナ　1/2本

＊ここではシュガースポットが出始めた
　バナナを使用しています。

A
- 薄力粉　120g
- アーモンドプードル　40g
- てんさい糖　30g
- ベーキングパウダー　小さじ1
- ジンジャーパウダー　小さじ1/3
- ライムの皮のすりおろし　2個分
- 塩　ひとつまみ

B
- バナナ　100g
- 植物油　大さじ2
- メープルシロップ　大さじ3
- ライム果汁　大さじ1
- 無調整豆乳　50㎖

下準備
・型にオーブンシートが2㎝ほど出るように敷く。
・オーブンを180℃に予熱する。

作り方

1　ボウルにAの材料の薄力粉をふるい入れる。Aの他の材料も加え ⓐ 、ゴムべらで均一になるように混ぜる。

2　別のボウルにBの材料のバナナを入れ、フォークで粗くつぶす ⓑ 。Bの他の材料も加え、泡立て器で混ぜ合わせる ⓒ 。バナナ1/2本を5㎜程度の薄切にする。

3　1のボウルに2で合わせたBを加えゴムべらでさっくりと混ぜ合わる。粉けが少し残っている状態で、2のバナナの薄切りを入れ、ゴムべらで混ぜ合わせる ⓓ 。

4　型に3を入れて表面をならし ⓔ 、180℃に予熱したオーブンで25～30分焼く。竹串をさして生地がついてこないか確認する。竹串についたら様子を見ながら3～5分ずつ加熱する。粗熱を取り ⓕ 、型から取り出して、冷蔵庫で冷やす。食べやすい大きさに切り分ける。

---

memo

焼きたてを冷やすことで生地がしっとりします。1日おくと味が落ち着いてさらにおいしくなります。

→ photo p 60

ひんやりチョコのブラウニー

材料（18cm四方の角型1台分）

A
- 米粉　100g
- アーモンドプードル　100g
- ココアパウダー（無糖）　30g
- てんさい糖　40g
- ベーキングプードル　小さじ1
- 塩　ひとつまみ

B
- 木綿豆腐　60g
- 植物性油　大さじ5
- メープルシロップ　大さじ4
- 無調整豆乳　100mℓ
- チョコレート（乳化剤不使用）　50g

チョコレートチップ（乳化剤不使用）　20g
クルミ　25g（かるく砕く）

下準備

・木綿豆腐をペーパータオルで包んでざるにのせ、重石をし、30分水きりする。
・型にオーブンシートが2cmほど出るように敷く。
・オーブンを170℃に予熱する。

作り方

1　Bの材料のチョコレートを湯煎で溶かす ⓐ 。Bの他の材料と合わせ、ハンドブレンダー（またはミキサー）でなめらかになるまで攪拌する ⓑ 。

2　ボウルにAの材料を入れ、ゴムべらで均一になるように混ぜる。1を加え、さっくりと混ぜる。クルミを加え、さらに混ぜる ⓒ 。

3　型に2を流し入れて表面をならし、チョコレートチップをのせる ⓓ 。170℃に予熱したオーブンで25～30分焼く。竹串をさして生地がついてこないか確認する。竹串についたら様子を見ながら3～5分ずつ加熱する。型からオーブンシートごと出し、粗熱を取る。冷蔵庫で冷やし、食べやすい大きさに切り分ける。

memo

焼きたてを冷やすことで生地がしっとりします。1日おくと味が落ち着いてさらにおいしくなります。

→ photo p 62

和栗とココアのかき氷

材料（2～3人分）

氷　適量

【栗クリーム】

栗　120g（皮をむいた正味）

A
　水　大さじ4
　てんさい糖　大さじ3

【ココアソース】

B
　ココアパウダー（無糖）　大さじ1と1/2
　コーヒー（粉）　小さじ1/6
　水　大さじ1
　てんさい糖　大さじ2
　無調整豆乳　大さじ1

アーモンド（ロースト）　適量

ラム酒　適量

下準備

鍋にたっぷりの湯を沸かし、栗を入れ、弱めの中火で
50～60分ゆでる（小さめの栗なら40～45分、大きめ
の栗なら40分が目安）。そのまま30分～1時間冷ます。

作り方

栗クリームを作る

1　ゆでた栗を縦半分に切り ⓐ 、中身をスプーンでくり
　ぬく ⓑ 。

2　深めの容器に1の栗とAの材料を入れ、ハンドブレン
　ダー（またはミキサー）でなめらかになるまで攪拌す
　る ⓒ 。

ココアソースを作る

3　ボウルにBの材料を入れ、スプーンなどでよく混ぜ合
　わせる。

仕上げ

4　器に氷をかき、3のココアソースをかける。2の栗ク
　リームをのせ、粗く刻んだアーモンドを散らし、上か
　らラム酒をかける。

ⓐ
ⓑ
ⓒ

→ photo p 63

メロンかき氷
ココナッツバニラアイス添え

memo

メロンは種の周りの果汁が一
番甘いと言われているので、
そこもしっかり使いました。

材料（2〜3人分）
メロン　200g（1/4個）
メロンのくし形切り　2〜3個
てんさい糖　大さじ3
ミント　1枝
氷　適量
ココナッツバニラアイス（p74）適量

作り方

1　鍋に湯を沸かし、ミントを入れ、中火で30秒加熱する ⓐ。

2　ボウルにざるを重ねる。メロンの種をスプーンでかき出してざるに落とし、メロンの種についた果汁をボウルに落とす ⓑ。

3　メロンの皮から実を切り離してひと口大に切る ⓒ。

4　ボウルに2のメロン果汁と3とてんさい糖、1のミントの葉を入れ ⓓ、ハンドブレンダー（またはミキサー）でなめらかになるまで撹拌し、容器に移す ⓔ。

5　器に氷をかき、4のシロップをかける。ココナッツバニラアイスをのせ、くし形に切ったメロンを添える。

ⓐ

ⓑ

ⓔ

ⓒ

ⓓ

→ photo p 64

チェリーとマンゴーと
ピスタチオのヨーグルトカッサータ

材料（縦15×横7.5×高さ6cmのパウンド型1台分）
アメリカンチェリー　8粒
マンゴー　60g（種を取った正味）
ピスタチオ　20g
オレンジ　3房

A ｜ 豆乳ヨーグルト　300g（水きり後150g）
｜ 甘酒　80g
｜ 米粉バニラカスタードクリーム（p78）　50g
｜ メープルシロップ　大さじ2
｜ てんさい糖　大さじ1
｜ 塩　ひとつまみ

下準備

・ボウルにざるとペーパータオルを重ね、豆乳ヨーグルトを入れて冷蔵庫でひと晩おき、半量の150gになるまで水きりする ⓐ 。
・型にオーブンシートが縁から少し出るように敷く。

作り方

1　ボウルにAの材料と種を取り除いたチェリー1粒を入れ、ハンドブレンダー（またはミキサー）でなめらかになるまで撹拌する ⓑ 。

2　残りのチェリーも種を取り除き、1cm角に切る。オレンジは薄皮をむき、1cm角に切る。マンゴーも1cm角に切る。ピスタチオは粗く刻む ⓒ 。

3　1のボウルに2を入れ、ゴムべらで混ぜる ⓓ 。型に入れ ⓔ 、冷凍庫で冷やし固める。

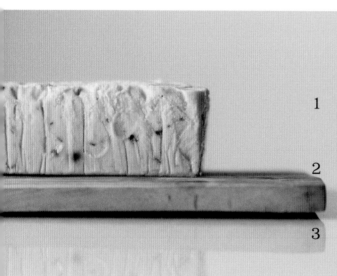

ⓐ

ⓑ

ⓒ

ⓓ

ⓔ

→ photo p 65

ヴィーガンティラミス

材料（長径20×横12×高さ4.5cmのオーバル型１台分）

A	薄力粉　120g
	アーモンドプードル　30g
	てんさい糖　30g
	ベーキングパウダー　小さじ１
	塩　ひとつまみ
B	植物性油　大さじ１と1/2
	メープルシロップ　大さじ１と1/2
	無調整豆乳　120mℓ
C	コーヒー（粉）　大さじ１
	湯　100mℓ
	てんさい糖　大さじ１
D	豆乳ヨーグルト　300g（水きり後150g）
	豆腐バニラクリーム（p78）　300g
	米粉バニラカスタードクリーム（p78）　80g
	塩　ふたつまみ

ココアパウダー　適量

下準備

・ボウルにざるとペーパータオルを重ね、豆乳ヨーグルトを入れてひと晩おき、半量の150gになるまで水きりする ⓐ 。
・型にオーブンシートを敷く。
・オーブンを175℃に予熱する。

作り方

1　ボウルにAの材料の薄力粉をふるい入れる。Aの他の材料も加え、ゴムべらで均一になるように混ぜ合わせる。

2　別のボウルにBの材料を入れ、泡立て器でよく混ぜ合わせる。１のボウルに加え、ゴムべらでさっくりと混ぜ合わせる。

3　型に２を入れ、175℃に予熱したオーブンで25分焼く。竹串をさして生地がついてこないか確認する。竹串についたら様子を見ながら３〜５分ずつ加熱する。粗熱が取れたら型から取り出し、冷ます。底から1.5cmの厚さで２枚スライスする ⓑ 。上の膨らみの部分は切る ⓒ 。

4　Cの材料を混ぜ合わせ、そのまま冷ましておく。

5　ボウルにDの材料を入れ、ゴムべらで混ぜ合わせる ⓓ 。

6　型に３のスポンジ１枚を敷き、４の半量を全体に染み込ませる ⓔ 。５の半量をのせ、全体に広げる ⓕ 。もう１枚のスポンジを重ねる。

7　残りの４を重ねたスポンジの全体に染み込ませ ⓖ 、５の残りのクリームを全体に広げる ⓗ 。１時間ほど冷蔵庫で冷やす。仕上げにココアパウダーをふる ⓘ 。

memo

作り方3で切ったケーキの上
の膨らみの部分は、グラスに
コーヒーシロップやクリーム
といっしょにいれると、ミニ
ティラミスとして楽しめます。
作り方7では冷蔵庫に入れず
にすぐに仕上げてもいいです
が、冷蔵庫に入れて少し時間
をおいた方が味がなじんでお
いしくなります。

→ photo p 66

うぐいすわらび餅

材料（3〜4人分）
わらび粉　40g
てんさい糖　大さじ3
水　200mℓ
うぐいすきなこ　適量

作り方

1　ボウルにわらび粉と水を入れ、だまをつぶしながらゴムべらでよく混ぜる ⓐ 。

2　鍋にざるを重ね、1を濾しながら入れる ⓑ 。てんさい糖を加えてゴムべらで混ぜる。

3　2の鍋を中火にかけ、ゴムべらで混ぜる。半透明になりとろみが出てきたら ⓒ 、弱火にし、5分練る ⓓ 。

4　うぐいすきなこを敷いたバットに3を入れる。きなこをまぶし ⓔ 、ラップをかけて冷やす。カードやナイフで食べやすい大きさに切る ⓕ 。

ⓐ
ⓑ
ⓒ
ⓓ
ⓔ
ⓕ

→ photo p 67

抹茶くず餅

材料（縦12×横14×高さ4.5cmの流し缶1個分）

A
- くず粉　25g
- 米粉　25g
- 薄力粉　10g
- 抹茶　大さじ1

水　180mℓ
きなこ　適量
黒みつ　適量

作り方

1　ボウルにざるを重ね、Aの材料と水を入れ、ゴムべらで濾しながら溶く 。

2　1を濾しながら鍋に入れ 、中火にかけ、ゴムべらで混ぜる 。固まり始めたら、すぐに火からおろし、泡立て器でよく混ぜ、全体をなじませる 。

3　流し缶に2を流し入れ、表面をならす。蒸気の上がった蒸し器に入れ 、20分蒸す。

4　ボウルに冷水をはり、流し缶ごと入れて冷ます。冷蔵庫で冷やす。

5　4を好みの大きさにカットし 、器に盛る。きなこと黒みつをかける。

→ photo p 68

ひんやりみたらし豆腐団子 すだち風味

material（12個分）

材料（12個分）

白玉粉　100g

絹ごし豆腐　100g

A ┌ しょうゆ　大さじ1
　├ てんさい糖　大さじ2
　├ みりん　大さじ1
　├ 片栗粉　小さじ1
　└ 水　大さじ3

すだち　適量

作り方

1　小鍋にAの材料を入れ、ゴムべらで混ぜ、中火にかける。ふつふつとしてきたら弱火にし、2分煮詰める ⓐ 。そのままおいて冷ます。

2　ボウルに白玉粉と絹ごし豆腐を入れ、手で混ぜ ⓑ 、耳たぶくらいの固さになるまでこねる ⓒ 。

3　2を12等分にして丸める ⓓ 。

4　鍋にたっぷりの湯を沸かし、3を入れる。浮いてきてから1分ゆで ⓔ 、冷水にとる。

5　ボウルに水けをきった4を入れ、1のタレを加えてからめる ⓕ 。器に盛り、すだちの皮を上からすりおろす。

memo

すだちの代わりにライムの皮を使ってもいいでしょう。

ⓐ  ⓑ  ⓒ

ⓓ  ⓔ  ⓕ

ココナッツ小豆アイスのもなか

材料（約10個分）
もなかの皮　10組
【ココナッツ小豆アイス】（作りやすい分量）

A ┌ ココナッツミルク　300㎖
　│ 無調整豆乳　150㎖
　│ メープルシロップ　大さじ3
　│ てんさい糖　大さじ3
　└ 粉寒天　小さじ1/2

あんこ　300g
　＊右記参照。市販のものでも可。

作り方

1　鍋にAの材料を入れ、中火にかける。沸いたら、すぐ弱火にし、ゴムべらでひと混ぜし、ふたはせず2分加熱する。そのままおいて冷ます。

2　ボウルに1を入れてあんこを加え ⓐ、ハンドブレンダー（またはミキサー）で撹拌する ⓑ。

3　保存容器に2を入れ、冷凍庫で冷やし固める。途中何度か空気を入れるようにハンドブレンダーで撹拌する（ハンドブレンダーがない場合は、スプーンでよく混ぜる）。

4　もなかの皮に3の小豆アイスをはさむ ⓒ。

あんこ

材料（作りやすい分量）

A ┌ 小豆（乾燥）　1/2カップ
　│ 水　300〜350㎖
　│ 　（小豆の3〜3.5倍）
　└ 昆布　1枚（2cm四方のもの）

てんさい糖　30〜40g
塩　ひとつまみ

作り方

1　圧力鍋にAの材料を入れ、強火にかける。沸騰したらふたをする。圧がかかったら弱火にし、25分炊いて火を止める。圧が抜けるまでおき、小豆が指でつぶれるくらいやわらかいことを確認する。固いようならもう少し圧をかける。水分が残っていたら強火にかけてとばす。

2　1の圧力鍋にてんさい糖を入れて混ぜ合わせ、ふたをあけたまま弱めの中火にかける。そっと混ぜながら火を入れる。鍋底にすじがつく程度になったら、塩を入れ、ひと混ぜして火を止める。

3　2をバットなどに移し、表面に膜が張らないようにラップをぴったりと張りつけ、冷ます。

⟶ photo p 70

洋梨のスイートポテト
ココナッツバニラアイス添え

材料（直径14cm×高さ３cmの耐熱皿２皿分）

さつまいも　200g（小１本）

洋梨　120g（約1/2個）

A
- てんさい糖　大さじ１
- メープルシロップ　大さじ１
- 無調整豆乳　大さじ３
- シナモンパウダー　少々

てんさいグラニュー糖　適量

メープルシロップ　適量

ココナッツバニラアイス（p74）
　ディッシャーで２個分

作り方

1　蒸気の上がった蒸し器にさつまいもをのせ、竹串がすっと通るまで蒸し、皮つきのまま熱いうちに潰す ⓐ 。

2　洋梨は皮をむき、芯を取る ⓑ 。

3　ボウルに１と２、Ａの材料をすべて入れ、ハンドブレンダー（またはミキサー）でなめらかになるまで攪拌する ⓒ 。さつまいもの水分量によって固さが違うので、味を見て豆乳や甘味料を少しずつ加えて調整する。

4　オーブンを180℃に予熱する。耐熱皿に３を入れてゴムべらで慣らし ⓓ 、てんさいグラニュー糖を全体にふる ⓔ 。180℃に予熱したオーブンで10〜15分焼く。

5　４にバニラアイスをのせ、メープルシロップをかける。

→ photo p 71

かぼちゃのひやし汁粉
メープルゼリー添え

材料（2～3人分）
【かぼちゃのお汁粉】

A ┌ かぼちゃ　200g
　　（種とワタ、皮を取り除いた正味）
　　水　50mℓ
　　無調整豆乳　100mℓ
　　てんさい糖　大さじ1～2
　└ メープルシロップ　大さじ1～2

【メープルゼリー】

B ┌ メープルシロップ　大さじ1
　　水　100mℓ
　└ 粉寒天　小さじ1/4

かぼちゃの種（ロースト）　適量
（あれば）ヘンプシード（麻の実）　適量

作り方
かぼちゃのお汁粉を作る

1　Aのかぼちゃはスプーンで種とワタを取り除く。ひと口大に切り、蒸気の上がった蒸し器に入れ、やわらかくなるまで蒸す（目安は20分）。皮を取り除く。

2　深さのある容器やボウルに、1のかぼちゃとAの他の材料を入れ、ハンドブレンダー（またはミキサー）でなめらかになるまで撹拌する。かぼちゃの水分量によって固さが違うので味を見て、水や豆乳を少しずつ加えて調整する。冷蔵庫で冷やす。

メープルゼリーを作る

3　鍋にBの材料を入れ、ひと混ぜし、中火にかける。沸いたらすぐ弱火にし、ふたはせずに1分加熱する。バットなどに移し粗熱を取る。冷蔵庫で冷やし固める。

仕上げ

4　器に2のお汁粉を盛り、3のゼリーをスプーンですくってのせる ⓐ 。上からかぼちゃの種とヘンプシードをちらす。

ⓐ

→ photo p 72

→ photo p 73

フレッシュブルーベリーの
チョコレートがけ

材料（作りやすい分量）
ブルーベリー　適量
チョコレート（乳化剤不使用）
　適量
ミント、タイムの葉　各適量

下準備
バットにオーブンシートを敷く。

作り方

1　鍋に水を底から1/3程度まで張り、沸騰させる。ボウルにチョコレートを割り入れ、鍋に入れ、ゴムべらでゆっくり混ぜながら溶かす。

2　ブルーベリーを竹串でさし、1の溶けたチョコレートに入れてからめ ⓐ 、バットに敷いたオーブンシートにのせる。

3　2の上にミントやタイムの葉をのせ、そのまま固める（夏場は冷蔵庫で冷やすと固まりやすい）。

ⓐ

スイカとタピオカの
ココナッツミルクジュース

材料（1杯分）
スイカ果汁用の実　100〜120㎖
乾燥タピオカ　大さじ2（小粒のもの）

A［
　ココナッツミルク　大さじ2
　アガベシロップ　小さじ2
　＊なければはちみつ同量でも可。
］

作り方

1　鍋にたっぷりの水と乾燥タピオカを入れ、中火にかける。沸騰したら弱火にし、20分加熱する。ざるにあげて水けをきり、冷水を張ったボウルに入れて冷ます。

2　スイカをフルーツボーラー（または半円型の小さじ）で丸くくりぬく。残りのスイカ果汁用の実をハンドブレンダー（またはミキサー）で攪拌する。

3　グラスにAの材料を入れて混ぜる。タピオカと丸くくりぬいたスイカを入れ、スイカ果汁を注ぐ。

→ photo p 72

プラムのアイスキャンディー

材料（5〜6本分）
プラム　450g
　（種を除いた正味）
てんさい糖　大さじ5
レモン果汁　小さじ2

作り方

1　プラムを半分に切って種を取り、皮ごとくし切りにする。

2　ボウルに1と残りの材料を入れ、ゴムべらで混ぜる。アイスキャンデー型に流し入れ、冷凍庫で冷やし固める。

⟶ photo p73

ヴィーガンクラフトコーラ

材料（作りやすい分量）
ココナッツシュガー　200g
水　300㎖

A ┌ レモン　1個
　│ ライム　1/2個
　│ オレンジの薄切り　2枚
　└ しょうがの薄切り　5枚

カルダモン　15粒
シナモンスティック　2本
クローブ　10粒
ナツメグ　少々
炭酸水　適量

作り方

1　Aの材料はすべて薄切りにする。カルダモンは割る。

2　鍋に炭酸水を除いた材料をすべて入れ、中火にかける。沸騰したら弱火にし、ふたを少しずらして置き、15分加熱する。そのままおいて冷まし ⓐ、煮沸消毒した保存容器に移し入れる。

3　3～4倍量の炭酸水で割って飲む。

ⓐ

---

memo
冷蔵庫で10日間保存可能です。

ハーブレモンジンジャー

材料（作りやすい分量）
レモン　2個
しょうが　80g

A ┌ はちみつ　100g
　│ アガベシロップ　50g
　│ 　＊なければはちみつ同量でも可。
　│ メープルシロップ　50g
　│ レモングラス　5本
　└ タイム　5本

炭酸水やアイスティー　適量

作り方

1　レモンとしょうがは薄切りにする。

2　煮沸消毒した保存容器に1とAの材料をすべて入れ、半日から1日おく ⓐ。たまに容器を揺すり、全体をなじませる。

3　3～4倍量の炭酸水やアイスティーなどで割って飲む。

ⓐ

---

memo
冷蔵庫で10日間保存可能です。1日後から飲めますが、2～3日おいた方がおいしくなります。

基本の材料

粉末寒天
（富澤商店）

粉末寒天は、棒寒天や糸寒天よりも固まる力が強く、煮溶かす前に吸水させる必要がないので便利です。常温で固まります。時間をおいたり崩したりすると、水分が流出（離水）するので、包丁で切ったり器に盛り付けたりするのは、食べる直前に行ってください。また、材料や液体との温度差があると均一に固まらないので、寒天液に加える材料は常温に戻しておきましょう。

DANDY CLASSIC 85
（健康フーズ）

乳化剤、香料不使用で、カカオマスを85％使用。甘味料はビートグラニュ糖のみで、酸味が少なくやわらかい味わいです。

オーサワの有機玄米甘酒（粒）
（オーサワジャパン）

国産の有機玄米を有機玄米こうじで発酵させた甘酒です。砂糖不使用。この本では、玄米の食感を残した粒タイプを使用しています。

海辺で育った果実たち しらぬい（いのうえ果樹園）

薬品処理を施していない、薄皮がついたままの愛知県産のみかんの缶詰。シロップは、みかんのストレート果汁、国産のレモン果汁、洗双糖（鹿児島県種子島産100％のさとうきびから作られた粗製糖）でできています。

有機アガベシロップ ゴールド（アルマテラ社）

アガベシロップは、ブルーアガベ（リュウゼツラン）から採取した天然エキスです。体に負担の少ない甘味料として人気があります。くせのないさらりとした風味としっかりした甘さが特徴で、繊細な果実の風味を生かしてくれます。

アカシアの有機はちみつ
（ミエリツィア）

イタリアの養蜂協同組合、CONAPIが手掛けるイタリアのハチミツブランド、ミエリツィアのオーガニックはちみつです。ルーマニアとイタリアで採蜜されたもので、低温処理されているため、はちみつが本来持っている風味や香り、栄養価が維持されています。

ビート糖（てん菜糖）粉末
（山口製糖）

北海道のビート（てんさい）を原料とした甘味料です。くせがなくスッキリとした味わいで、粉末なので溶けやすいところが気に入っています。アガベシロップもそうですが、摂取後の血糖値の上昇割合が低く、体にやさしいのが特徴です。

スズラン印 グラニュ糖
（日本甜菜製糖）

北海道産のビート（てんさい）のみを原料として作られたグラニュ糖。無漂白の天然の甘味料で、やさしい甘さが特徴です。

製菓用米粉
（富澤商店）

新潟県産のうるち米を使った米粉。粒子が細かいので小麦粉感覚で使えます。「ひんやりチョコのブラウニー」（p60）、「米粉バニラカスタードクリーム」（p78）で使用しています。

純白玉粉
（秋田白玉工業）

秋田県産のもち米を使った白玉粉。冷えてもかたくならず、もちもちした食感が維持されるのが特徴です。

特撰わらび粉
（富澤商店）

くせのないれんこんでんぷんと、本わらび粉を原料としたわらび粉。

オーサワの吉野本葛（国産）（オーサワ）

混じりけのない、くずでんぷん100％の本くず粉です。一般的に販売されているくず粉は、くずでんぷんに、甘藷でんぷんが混ざっているものが多く、100％くずからできているとは限りません。本くずはなめらかな舌触りと弾力が特徴です。

おわりに

暑い夏の日、郵便屋さんが来ると母はいつも玄関先の木陰に自転車を止めさせ、
一息ついていって、と炭酸飲料や麦茶を出していました。
汗だくの郵便屋さんが有難そうに冷たい飲み物を飲んでいるのを見て、
母は優しいことをしているんだな、と思っていました。
郵便屋さんはあんなにのんびりしていて大丈夫かしら、とも。
木陰から射す夏の日差しと、蝉の鳴き声を聞くと、今でもそんな場面を思い出します。

近年は暑い時期が昔より長くなったと感じられます。そして暑さも遥かにきつい！
昔は熱中症なんて今ほどはなかった気がします。
体を冷やすのは良くないと言われていますが、
暑い時期は体に熱がこもるので、ある程度は冷やさないといけませんよね。

この本の中で特に私がおすすめしたいのが、冒頭にご紹介した「水の寒天ゼリー」。
寒天というと、シコシコして固いというイメージがあるかもしれませんが、
火の入れ方や分量を調整することで、じつは
「ぷるぷる、ふるふる、ちゅるちゅる」にすることができます。
いちばん好きな食感である「ふるふるのちょうどよい口溶け」は、
これまで味のついたものでしか作ったことがなかったのですが、
試しに水で作ってみたところ、とても食べやすくておいしい！
水を飲むよりスルッと喉に入るし、じんわり体に染み渡り、満足感があります。
食欲がないときにもおすすめです。
つるんとしたのど越しをぜひお楽しみください。

今井ようこ

今井ようこ （いまい・ようこ）

サザビーアフタヌーンティーの企画開発を経てフリー。企業との商品開発のほか、マクロビオティックベースの料理教室roofを主宰。著書に「お菓子づくり」シリーズ（共著、誠文堂新光社）、『まいにち食べたいヴィーガンスイーツ』（エムディエスコーポレーション）、『豆腐、豆乳、豆乳ヨーグルトのおやつ』（文化出版局）、『蒸すからおいしい 米粉のパンとケーキ』（山と渓谷社）ほか。

材料協力
株式会社富澤商店
オンラインショップ https://tomiz.com/
電話番号 0570-001919

器協力
UTUWA

スタッフ
撮影　川原崎宣喜
スタイリング　駒井京子
デザイン　三上祥子（Vaa）
校正　ケイズオフィス
調理アシスタント　粕谷裕子
編集　斯波朝子（オフィスCuddle）

卵・乳製品・白砂糖を使わないナチュラルレシピ

体にやさしいひんやりおやつ

2024 年 5 月 9 日　発　行　　　　　　　　　NDC596

著　　　者　今井ようこ
発　行　者　小川雄一
発　行　所　株式会社 誠文堂新光社
　　　　　　〒113-0033 東京都文京区本郷 3-3-11
　　　　　　電話 03-5800-5780
　　　　　　https://www.seibundo-shinkosha.net/
印刷・製本　図書印刷 株式会社

©Yoko Imai. 2024　　　　　　　　　　Printed in Japan

ISBN978-4-416-72328-9